CW01662093

Es blüht eine Rose zur Winterzeit

Vom Wunder der Weihnacht

Eschbach

und wieder ist Advent

Und wieder ist Advent
und Lichter wachsen
und Lieder blühn auf
und auch die Rose
wird bald erblühn

das Heil ist nahe
heißt es noch immer

ein Stern fällt vom Himmel
auch dir in den Schoß
und leuchtet auf
im Dunkel der Tage
und des Nachts
hüllt er dein Haus
in einen Mantel aus Licht
und Gesang

Advent ist wieder
die Rose blüht bald
und ich komme
zu dir

Eva-Maria Leiber

Grau ist die Welt
in den Wochen des Winters
und abgestorben scheint
unter schneebedeckten Beeten
jede Möglichkeit
von Blüte und Frucht.
Dennoch lassen sich
im Schatten von Bäumen
und Büschen
Christrosen entdecken,
blühend in allen Farben,
Botschafter der Freude,
dass in ausweglos
erscheinenden Zeiten
auch in der Seele
überraschend Neues
gedeihen kann.

Christa Spilling-Nöker

Staunen dürfen
über das Wunder,
dass es Farben gibt
und Freude
unter winterlichem Grau.

Staunen dürfen
über das Wunder,
dass dem Leben
neue Zuversicht
ins Herz wachsen will.

Christa Spilling-Nöker

Wann fängt Weihnachten an?

Wenn mitten im Winter
eine Rose aufblüht
der Schmetterling leuchtend bunt
durch den Garten zieht
die Nachtigall
ein Lied der Hoffnung singt
und zwischen Menschen
Freude und Glück erklingt
dann fängt Weihnachten an.

Wenn mitten im Streit
Versöhnung beginnt
es selbst zwischen Feinden
wieder richtig stimmt
der Reiche
mit dem Hungrigen teilt
und der Lahme
zum Regenbogen eilt
dann fängt Weihnachten an.

Wenn mitten im Leid
die Not gewendet
das Dunkel des Todes
durch Licht beendet
ein Kind
wichtiger als alles ist
und du
ganz du selber bist
dann fängt Weihnachten an.

Hermann-Josef Frisch

Aufblühen
in der Mitte des Winters,
unter kahlen Zweigen,
in frostiger Kälte
und eisiger Trostlosigkeit.

Aufblühen,
in der Mitte des Winters,
wenn noch niemand
den Frühling auch nur
zu ahnen vermag.

Aufblühen
in der Mitte des Winters,
Hoffnungszeichen im Herzen,
wie es die Gnade
der Weihnacht verheißt.

Christa Spilling-Nöker

Der dunklen Zeit
nicht die Macht überlassen,
sondern der Hoffnung immer wieder
die Gelegenheit schenken,
dich mit ermutigenden Erwartungen
an das Leben zu überraschen.
Auch in Zeiten der Trauer
und dem schmerzenden Gefühl
von Verlassenheit und Trostlosigkeit
will dir das Geschenk der Freude
in all seiner unermesslichen Schönheit
wieder neu aufgehen und blühen.

Christa Spilling-Nöker

Wie die Christrose entstand

In der Heiligen Nacht sprachen die Hirten zueinander: „Kommt, lasset uns nach Bethlehem gehen und sehen, was da geschehen ist!“
Und sie machten sich eilends auf. Jeder nahm ein Geschenk mit: Butter und Honig, einen Krug mit Milch, Wolle vom Schaf und ein warmes Lammfell.
Nur ein Hirtenknabe hatte nichts zum Schenken. Er suchte auf der Winterflur nach einem Blümchen. Er fand keins. Da weinte er, und die Tränen fielen auf die harte Erde. Sogleich sprossen aus den Tränen Blumen hervor, die trugen Blüten wie Rosen. Fünf Blütenblätter, zart und weiß, standen zum Kelch zusammen, daraus ein Kranz von goldenen Staubgefäßen gleich einer Krone hervorleuchtete. Voll Freude pflückte der Knabe die Blumen und brachte sie dem göttlichen Kind in der Krippe.
Seit der Zeit blühen diese Blumen jedes Jahr in der Weihnacht auf, und die Menschen nennen sie Christrose.

Wolfram Eike

Auch der kahle Winter
treibt Blüten hervor,
farbenfroh leuchtend
zur Weihnachtszeit.
Hoffnung läuten sie dir
ins Gemüt:
nichts muss bleiben,
wie es gewesen ist.

Neues steht vor der Tür,
will von dir begrüßt
und umarmt sein,
und letztlich Einlass finden
in dein Herz.

Christa Spilling-Nöker

Sich in den eigenen
Wurzeln gründen,
um zu sich selbst
hinzuwachsen,
unbeirrbar von Frost und Hitze,
von Regen und Sturm,
und eines Tages aufblühen,
wenn niemand es mehr
erwartet hat.

Christa Spilling-Nöker

Himmel, berühre die Erde

Himmel, berühre die Erde
senke deine wärmenden Strahlen
in alles Erstarrte

Himmel, berühre die Erde
erhelle mit deinem Licht
alle Dunkelheiten

Himmel, berühre die Erde
verzaubere mit deinen Farben
alle Eintönigkeit

Himmel, berühre die Erde
tränke den durstigen Boden
und erfrische alle Ermatteten

Himmel, berühre die Erde
heile durch die Stille der Nacht
alle Wunden

Himmel, berühre die Erde
erfülle mit schöpferischer Phantasie
die Enge der Menschenherzen

Himmel, berühre die Erde
schütze mit deiner Nähe
die Erde, das Wasser, die Luft
die Pflanzen, die Tiere, die Menschen

Himmel, berühre die Erde
in mir
durch einen Menschen,
der Gottes Gesicht hat

Himmel, lass dich umarmen
auf dieser Erde.

Elisabeth Bernet

Wer mag schon glauben,
dass der Himmel einmal
den Platz mit der Erde
vertauscht?

Wer mag schon glauben,
dass dir inmitten der Nacht
doch wieder neue Freude
erwacht?

Christa Spilling-Nöker

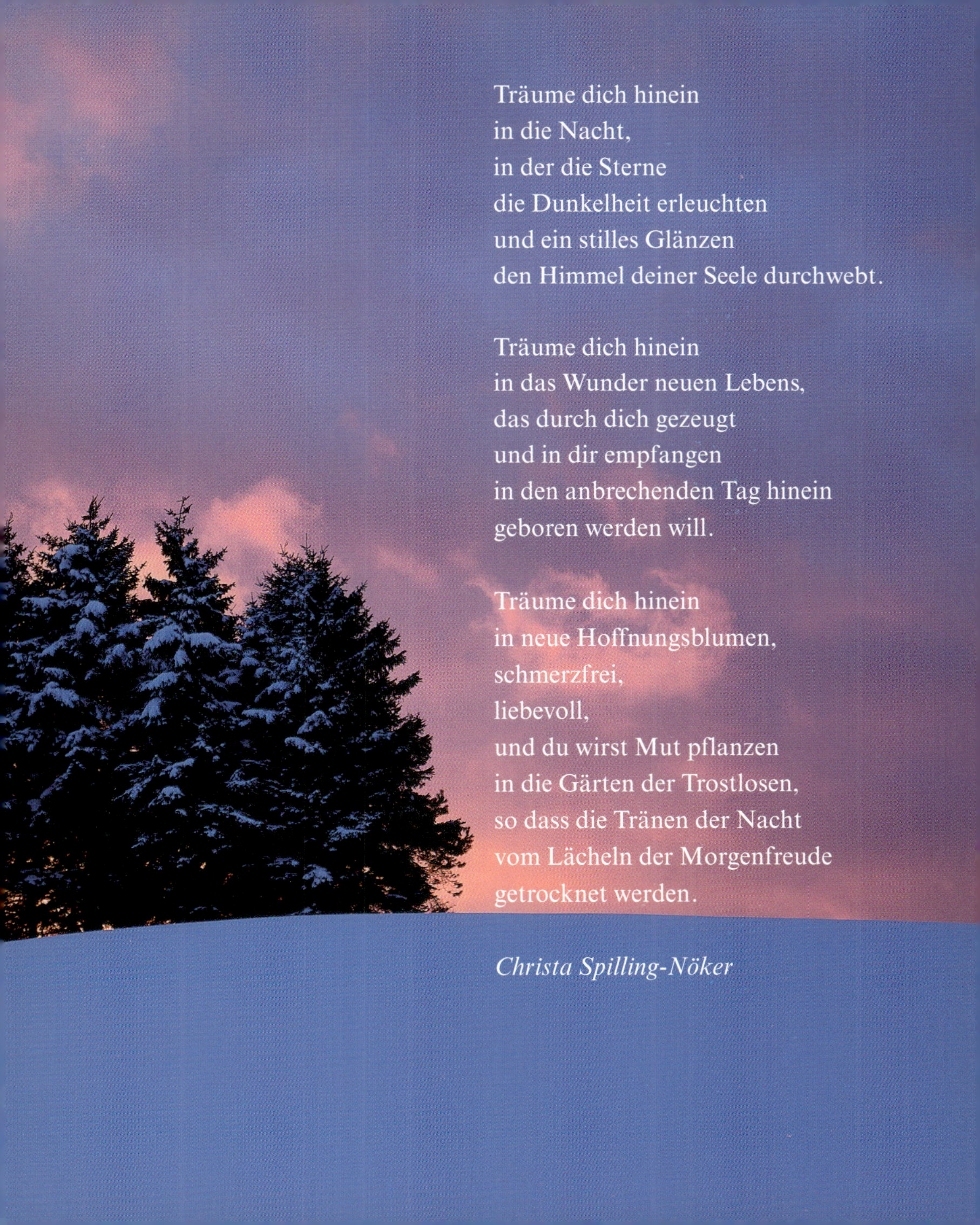

Träume dich hinein
in die Nacht,
in der die Sterne
die Dunkelheit erleuchten
und ein stilles Glänzen
den Himmel deiner Seele durchwebt.

Träume dich hinein
in das Wunder neuen Lebens,
das durch dich gezeugt
und in dir empfangen
in den anbrechenden Tag hinein
geboren werden will.

Träume dich hinein
in neue Hoffnungsblumen,
schmerzfrei,
liebevoll,
und du wirst Mut pflanzen
in die Gärten der Trostlosen,
so dass die Tränen der Nacht
vom Lächeln der Morgenfreude
getrocknet werden.

Christa Spilling-Nöker

unerwartetes geschieht
mauern fallen
entfremdung hört auf

hoffnung keimt
liebe blüht

mitten
in der nacht
im winter

Beate Schlumberger

weihnachten

In jedem Augenblick
blüht Weihnacht auf
in einem Kind
das irgendwo
in einem Stall
geboren wird
seit damals weiß ich
Weihnachten beginnt
in mir

Eva-Maria Leiber